A la limite de la langue

Christoph
Doswald (éd.)

jrp|ringier

Sommaire

5   Introduction
    JANINE PERRET SGUALDO

9   A la limite de la langue
    Hacking médiatique et autres stratégies
    artistiques parasitaires
    CHRISTOPH DOSWALD

25 Press Art
    PETER NOBEL

31 Dürrenmatt et la presse
    ULRICH WEBER

43 Quelques nouvelles concernant la situation
    de la presse à l'Âge de la Pierre (1949)
    FRIEDRICH DÜRRENMATT

53 La *Süddeutsche Zeitung* existe-t-elle
    ou pas? (1985)
    FRIEDRICH DÜRRENMATT

THOMAS HIRSCHHORN, *Northern Ticket*, 2004
collage (papier journal, photographies, carton, scotch,
feutre, cellophane), 65,2 x 59,5 cm

4

Introduction

JANINE PERRET SGUALDO

Intellectuels et artistes se sont depuis toujours interrogés sur le sens de l'existence, interrogations qui se sont traduites au cours de l'histoire par de nombreux textes philosophiques et la production abondante d'œuvres d'art.

Rares ont pourtant été les penseurs qui ont su exprimer leurs réflexions ou critiques au moyen de plusieurs médias.

Friedrich Dürrenmatt est l'un de ceux-là: écrivain et peintre.

Si le Centre Dürrenmatt à Neuchâtel a pour mission de mettre en valeur la pensée et l'œuvre picturale de l'auteur, la peinture y tient une place privilégiée dans un accrochage «permanent». Une situation à relativiser puisque des expositions temporaires viennent régulièrement enrichir notre institution.

A la limite de la langue, révèle la passion d'un collectionneur, l'avocat Peter Nobel qui, en choisissant non pas uniquement des noms prestigieux mais aussi de très jeunes artistes, concentre ses choix sur des œuvres qui établissent un rapport entre le texte et l'image reproduite dans la presse. Une obsession qui, outre son intérêt artistique, révèle des aspects d'une société, la nôtre, qui produit et diffuse sans interruption des images dont la vérité et le sens sont mis en question. Ce questionnement conduit naturellement au doute et ouvre des champs d'investigation que les artistes explorent, traduisent avec les moyens qui leur appartiennent.

A la limite de la langue rassemble des artistes qui s'approprient des images médiatiques, les détournent, les falsifient ou les subliment pour leur donner un nouveau statut. Ils nous donnent à percevoir une œuvre d'art, une nouvelle réalité qui pose à double titre la question du sens. Un regard qui s'abîme dans des images tant diffusées qu'elles se transforment en icônes contemporaines même si elles illustrent parfois les pires atrocités qu'un être humain est capable de commettre.

Au fond, le face à face avec Beuys, Buetti, Alighiero Boetti, Trinkaus et, entre autres, Hirschhorn tend à provoquer le visiteur sur sa propre conception philosophique, politique et esthétique du monde.

Friedrich Dürrenmatt a constamment reconsidéré le monde, dans ses écrits comme dans ses dessins. La provocation et l'ironie qui les caractérisent s'expriment dans la phrase de l'auteur lorsqu'il dit: «Ma liberté d'artiste, c'est de pouvoir jouer avec ce monde». Peter Nobel rejoint Dürrenmatt sur le plan de l'ironie mais aussi et surtout dans son amour pour un art constitutif de la pensée critique. Tous les deux se sont aussi interrogés sur l'emprise des médias et sur la réalité que ceux-ci nous imposent. Images fictives ou fascinantes, manipulées ou objet de propagande, elles s'imposent comme champs d'investigation.

L'exposition *A la limite de la langue* propose, au-delà des considérations philosophiques liées à la médiatisation de l'image, des œuvres dont les qualités esthétiques et artistiques s'imposent dans une histoire de l'art qui se conjugue au présent.

Ce projet d'exposition a pu être réalisé grâce au généreux soutien de Peter Nobel et aux compétences de Christoph Doswald, curateur, envers qui nous exprimons ici notre reconnaissance.

YVES KLEIN, *Dimanche – Le journal d'un seul jour,*
27 novembre 1960, 1960
journal imprimé, 55,7 x 38,1 cm

A la limite de la langue

Hacking médiatique et autres stratégies
artistiques parasitaires

CHRISTOPH DOSWALD

Le 27 novembre 1960, un dimanche, les kiosques parisiens mirent à leur devanture un produit médiatique intitulé *Dimanche - Le journal d'un seul jour*. Au premier coup d'œil, rien ne le différenciait d'une autre publication: médiocre qualité du papier, nom accrocheur (*Dimanche*), des grands titres provocants «La révolution bleue continue», six colonnes, des images choc (quelqu'un qui se jette par la fenêtre – «un homme dans l'espace»), un éditorial consacré à une question de fond («Théâtre du vide»), et naturellement l'actualité, la matière première de tous les journaux. Ce n'est qu'au deuxième coup d'œil que le chaland s'apercevait qu'il avait en main un produit qui n'avait fait qu'emprunter la forme d'un journal, qui parasitait le langage des médias imprimés ainsi que leurs canaux de diffusion et de distribution. Le concepteur et éditeur de ce produit, l'artiste niçois Yves Klein (1928–1962), s'était inspiré du format et du layout d'un journal de grande diffusion, *France-Soir*. Klein voulait promouvoir son propre travail artistique et attirer l'attention sur le «Festival d'art d'avant-garde» qui se tenait au même moment à Paris.

Qu'un artiste ait recours au médium de l'imprimé pour toucher un large public est d'autant plus remarquable qu'à cette époque l'art était encore largement perçu comme un produit académique, entouré d'une aura quasi religieuse, qu'il fallait présenter, diffuser, produire ou voir dans des conditions et des contextes bien définis: s'il s'agissait de peinture, de dessin ou de sculpture, c'était dans des ateliers, des galeries, des musées, à l'université ou à la rubrique culturelle d'un journal. Lorsque Klein, l'un des cofondateurs du mouvement des «Nouveaux Réalistes»[1], enfreint démonstrativement ce code, s'écarte de ce cadre donné, il ne s'oppose pas seulement à la tradition en vigueur, mais crée son propre point de vue artistique, et presque une nouvelle conception de la notion d'œuvre. Faire de l'art sur du papier journal, symbole par excellence de l'éphémère, c'est selon Klein se démarquer de l'exigence d'éternité. «Long live the immaterial», c'est avec ces mots qu'il concluait son légendaire *Manifeste du Chelsea Hotel* où il définissait les principes de sa conception de l'art.

Le caractère éphémère de l'art, le moment de la performance, le souci de dessaisir l'artiste de son œuvre en faveur d'une démocratisation et d'une popularisation de la propriété, étaient autant de postulations essentielles du Pop Art et des mouvements qui lui étaient apparentés dans les années 1960. Klein remit aussi en cause les conditions matérielles de la création picturale: il produisit au lance-flammes des «tableaux de feux», créa ses célèbres «anthropométries» dans lesquelles des jeunes femmes nues, le corps passé à la peinture bleue se couchaient sur la toile. C'étaient là des actions spectaculaires, qui attiraient un large public, les médias et suscitaient reportages et comptes-rendus. Il n'y a en soi rien d'étonnant à ce que les avant-gardistes de l'époque se soient tournés vers les médias de masse, et notamment vers les médias imprimés qui connaissaient un boom sans précédent. On avait pris conscience de leur impact et chacun désirait le récupérer pour le mettre au service de sa propre vision. D'un autre côté, cette conscience devait nécessairement aboutir à une réflexion critique sur les médias de masse, à la manière des décollagistes qui créèrent un nouveau type d'œuvres.

Le tract en forme de journal d'Yves Klein présentait une autre particularité bien digne d'être soulignée dans le contexte d'une réflexion sur les médias. Le journal montre en couverture une photographie de la légendaire performance de l'artiste intitulée le *Saut dans le vide*. Parce qu'elle n'est pas exposée dans une galerie, mais imprimée dans un journal, cette photo suscite bon nombre de questions, celle notamment de son authenticité. Car la photographie, dans son emploi journalistique du moins – c'est même une des rares lois encore en vigueur dans la profession – se doit de refléter la réalité. Et cette dernière eût été spectaculaire dans le cas du saut de Klein par la fenêtre, à la manière de Andy Warhol en 1962 dans ses *Suicide Pictures*[2]. En vérité, le *Saut dans le vide* est une mystification. Klein met une certaine coquetterie à jouer avec le danger, il fait croire au lecteur que son saut se terminera par une catastrophe. En réalité, l'artiste a installé des matelas sur le trottoir, qui ont amorti sa chute. Les retouches apportées à la photo l'ont rendue spectaculaire. C'est ainsi que la position du journaliste rapportant les faits est abandonnée au profit d'un message quasi publicitaire: l'art est une aventure qui vous donne de délicieux frissons. «Pour peindre l'espace», disait Klein, «je dois d'abord me rendre dans l'espace».

Dimanche et le *Saut dans le vide* ont été les premiers moments marquants de l'accointance entre l'art et les médias de masse, ceux-ci servant de

KURT SCHWITTERS, *Man soll nicht asen mit Phrasen*, 1930
collage (papiers de journaux, de magazines, d'emballage et
photographies sur carton), 36,5 x 28,5 cm

relais à celui-là pour intervenir de façon significative dans la conscience sociale, une évolution qui avait débuté un demi-siècle auparavant. A l'époque du cubisme, du constructivisme, du suprématisme, du dadaïsme et surtout du Bauhaus, les artistes avaient acquis la conviction que l'œuvre seule était un vecteur insuffisant pour diffuser leurs nouvelles idées, et que celles-ci avaient besoin du secours de la presse. Ce n'est pas un hasard si le Bauhaus a proclamé que la photographie, d'abord considérée avec méfiance, était un nouveau médium artistique. La photographie et le journal, deux médias mécaniquement reproductibles, marchaient ainsi de concert au service des utopies sociales modernes. El Lissitzky a travaillé en tant que typographe, a réalisé des revues et des livres pour répandre les idéaux de la révolution russe. John Heartfield a mis son œuvre au service d'une action journalistique antifasciste. Kurt Schwitters, Marcel Janco ou Richard Huelsenbeck diffusèrent la doctrine dadaïste non seulement au moyen de performances ou pièces de théâtre remarquables, mais aussi en publiant des revues, des tracts, des annonces spectaculaires. Le dadaïsme a été le premier à pratiquer le collage et la déconstruction artistique de la liaison que le journalisme établit entre le mot et l'image. Des jeux de mots ironiques, des persiflages et des montages subtils, faisaient partie du programme dadaïste au même titre que l'irrespect envers tous ceux qui incarnaient «l'establishement» social et les autorités en place.

De leur côté les médias changent: de plateformes de propagande, ils tendent à devenir les rapporteurs d'une réalité objective, et, à côté des pouvoirs législatif, judiciaire et exécutif, le quatrième pouvoir de la démocratie. L'art et les médias de masse du XXe siècle trouvent un point de référence commun dans une contre-culture critique, qui est le correctif social apporté aux trois premiers pouvoirs. Et cette relation qui promettait beaucoup dès ses prémices dans les années 1920 connut de nombreux développements par la suite. Les actions de George Grosz et de John Heartfield sont devenues légendaires, tout comme le tract de Johannes Baader à l'Assemblée nationale de la République de Weimar en été 1919, dans lequel il demandait à être nommé «Surdada» par un vote populaire. «Si le peuple dit oui», promettait-il dans son pamphlet qu'il distribua aussi à la presse, «Baader donnera l'ordre, la paix, la liberté et du pain.»[3]

C'est avec de semblables méthodes que dans les années 1970 un autre artiste utopiste joua de la complicité de la presse. Joseph Beuys, dont l'œuvre se proposait dès ses débuts de remédier aux dysfonctionnements de la société par des méthodes artistiques et créatives, s'était assuré très consciemment le soutien des médias de masse en agissant sur les mécanismes de la société du spectacle. Ainsi, en 1982, à l'occasion de la *Documenta 7*, il propagea le mot d'ordre: «Stadt-Verwaldung statt Stadt-Verwaltung», «reboiser plutôt qu'administrer» et fit planter 7000 chênes dans la ville de Kassel. Tous les journaux un peu importants de par le monde publièrent une photo du charismatique Beuys en train de planter des arbres, son chapeau vissé sur la tête. Parce que Beuys avait planifié son action comme une performance, la réaction des médias eut une résonnance particulière: en présentant l'œuvre, en la rendant publique, ils lui donnèrent son sens et son existence. Pour dire les choses en un mot: l'œuvre n'existerait pas sans eux.

L'Italo-Suisse Gianni Motti est l'un des maîtres actuels de cette conception d'une œuvre vouée à l'éphémère; ses actions présentent une parenté certaine avec Dada et Beuys. Pour lui la réalité est un espace ouvert, qui est là pour être mise en mouvement, modifiée, formée et réinventée. Cet artiste qui vit à Genève n'a pas son pareil pour créer une œuvre qui se passe d'œuvre, qui se tient pour ainsi dire perpétuellement dans le

HANS ARP, *Dada*, 1919
gravure sur bois sur papier journal, édition de 5,
27,3 x 18,3 cm

flux de la réalité. Quand la ville de Genève lui décerne un prix artistique, il ne l'emporte pas dans son atelier, mais distribue l'argent à ses amis et les envoie en voyage. Peu lui chaut leur destination; ils doivent simplement observer deux conditions: emporter avec eux un t-shirt portant l'inscription «Gianni Motti Assistant», et l'arborer ostensiblement lors de toute manifestation rassemblant du public. Les «assistants» se rendent ainsi au Word Economic Forum (WEF) de Davos ou se trouvent au premier rang des curieux lors d'une intervention de pompiers à Manhattan. Leur action, répercutée par les photographes est transmise ensuite aux journaux et aux revues.

En utilisant à son profit les mécanismes de l'attention médiatique, Motti subvertit la notion dominante de réalité, interroge notre système de valeurs et trace de savantes rayures sur la surface trop lisse du «star system». Un bon exemple de ce «reality hacking» médiatique est la manière dont Motti réussit à entrer dans le onze de départ du FC Neuchâtel Xamax: *A la Sinistra, Stade de la Maladière, Neuchâtel Xamax: 1, Young Boys: 1* (1995) présente l'artiste vêtu du maillot du club à côté de dix footballeurs professionnels qui ne semblent pas s'étonner outre mesure de la présence de leur hirsute coéquipier. «Sans doute un nouvel Argentin», auront-ils pensé.

L'œuvre de Motti nous invite à réfléchir à la manière dont la précision peut devenir approximation, la sincérité ironie, le sérieux ludique, et vice-versa. L'image et le langage, porteurs de leur propre cohérence, sont soumis à un jeu de questionnement, de travestissement, d'ironie, de collages, avant de servir de pourvoyeurs de matériaux pour de nouvelles réalisations. C'est en cela que Motti rejoint Friedrich Dürrenmatt, observateur et commentateur éclairé de son temps, qui pendant les deux ans où il a évolué dans le milieu du journalisme, en qualité d'éditeur du *Sonntags Journal*, de «hacker» des médias, a déversé ses préoccupations et ses stratégies d'homme de culture et d'artiste dans le fleuve médiatique en observant la plus stricte légalité. Il a écrit peu après dans le *Collaborateur*: «Il y a un paradoxe de l'ironie: elle sait qu'elle ne sait rien, et se pose ainsi deux fois: en tant que savoir et en tant que non-savoir; ce même paradoxe la contraint également à reconnaître qu'elle croit ne pas croire. Ici encore elle se pose doublement: en tant que foi, croyance, et en tant qu'in-croyance. Ce sont des jeux de mots, bien sûr, mais qui sont le signe que tout se déroule à la limite de la langue.»

NOTES

1. Faisaient partie entre autres de ce mouvement fondé le 27 octobre 1960 dans l'appartement d'Yves Klein: Jacques Villeglé, Mimmo Rotella, Jean Tinguely, Daniel Spoerri et Raymond Hains.
2. Dans de nombreux domaines, l'œuvre de Warhol témoigne d'une réflexion sur les médias de masse. Il a même édité sa propre revue, *Interview*, participant ainsi activement à la production médiatique.
3. Johannes Baader in *Dada Global*, catalogue d'exposition, Kunsthaus Zürich, 1994, p. 158

DANIELE BUETTI, *Bentley*, 1997/2003
C-print, 1/1, 180 × 120 cm

Die Verrückten zur Vernunft zwingen

Tribüne: Im Nahen Osten die Gunst der Stunde nutzen, TA vom 22. 1.

Der Text des Botschafters des Staates Israel in Bern ist die unhistorische, unpolitische gebetsmühlenartige Wiederholung altbekannter Schuldzuweisung an die palästinensische Seite. Er verschweigt, dass einer ins Exil vertriebenen, in Israel entrechteten und in den besetzten Gebieten jetzt auch noch eingesperrten Bevölkerung seit Jahrzehnten die Existenz verunmöglicht wird. Kein Wunder: Israel definiert sich als ausschliesslich jüdischer Staat. Dieses religiös-völkische Selbstverständnis wird leider fast nicht mehr in Frage gestellt. Statt gleiche «Rechte für alle vom Mittelmeer zum Jordan» einzufordern, belohnen wir die israelische Regierungspolitik u. a. mit militärischer Kooperation (Waffenentwicklung). Mehr als zehn Jahre nach dem Ende der Apartheid in Südafrika ist es Zeit, auch im Nahen Osten die Verrückten endlich zur Vernunft zu zwingen. Vernunft darf keine Errungenschaft der palästinensischen Wähler bleiben.

RON GANZFRIED, BERN

Friedlicher als 2004 in Davos (Bild) gi

Lesertelefon

01 248 44 75, heute 13–14 Uhr

Die jugendli haben durch

Tages Anzeiger

Zürrechtlich verfolgt.»cher Anzeiger, Stadt-Anzeiger

WEF-Proteste blieben friedlich, TA vom 24. 1./Analyse: Die WEF-Kritiker stecken in

GIANNI MOTTI, *Tages-Anzeiger, 26.01.2005 (Assistant)*, 2006
sérigraphie 1/5, 29,5 × 42 cm

ARCHIVBILD THOMAS BURLA

n Samstag an den WEF-Demos in diversen Schweizer Städten zu.

en Demonstranten
s etwas zu sagen

auf die Meinung der jungen ʇeift und überhaupt nicht an

wehren? Was, bitte schön, ist so schlecht an einer gerechteren Verteilung von Volks-

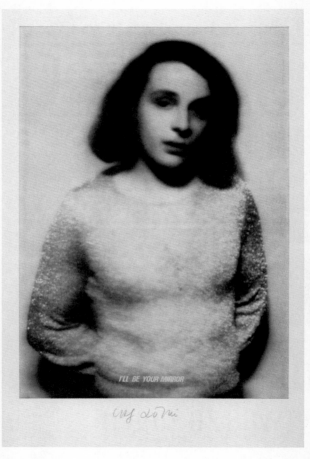

URS LÜTHI, *I'll be your mirror*, 1972
offset sur papier journal, de la série des 52 œuvres de
Press Art du *National Zeitung*, 54 × 34,5 cm

Press Art

PETER NOBEL

1.

Le Press Art impressionne bon nombre d'observateurs en dépit de son étrangeté. On sait tout de suite de quoi il s'agit: un détournement de produits de presse, de journaux surtout, que l'on agglomère pour faire une œuvre d'art. De produits jetés aussitôt que consommés, ils deviennent objets d'une contemplation qui peut devenir quasi permanente. Malheureusement, les photos de presse partagent avec leur support la propriété de jaunir avec le temps. En leur qualité d'objets esthétiques, ils sont à la fois témoins du passé et témoignages de l'éphémère. Je ne mentionnerai que le *Spiegel* de Christo où la photo de Fidel Castro sur la page de couverture évoque la crise de Cuba.

2.

Si l'on considère la bonne centaine d'années, qui sont à proprement parler l'époque du Press Art, on retrouve la fascination pour la technique, cet élément moteur de notre société obsédée par le besoin compulsif d'avancer. Au début, au XIXe siècle, les peintres ont souvent représenté des lecteurs de journaux, ou des groupes de personnes écoutant la lecture d'un journal. Ce sont là des témoignages de la globalisation des informations, à laquelle étaient liés autant d'espoir que de curiosité. Et cet espoir s'associa à la technique, comme en témoigne la colombe en papier journal de Georges Braque.

3.
Le Press Art, ce n'est pas de l'art suisse ou de l'art européen. L'observateur découvre très vite que de tels essais s'affranchissent des limites, qu'ils ont vocation à la globalité. A un moment ou à un autre, d'une manière ou d'une autre, les artistes du monde entier ont toujours utilisé des journaux et du papier journal, soit comme objet, soit comme matériau. D'abord en Europe certainement, et l'art révolutionnaire russe y a pris une grande part, alors qu'en Asie la calligraphie régnait toujours. Puis certains éléments ont été repris dans de nombreux pays. En Amérique du Sud, il est particulièrement intéressant de voir que le Press Art est étroitement lié à la tentative de présenter la répression (de manière presque naturaliste) et de lui échapper (par exemple au Brésil). L'art chinois lui-même a pris massivement conscience de l'importance de la presse

durant ces dernières années; il y a vu un objet de fascination, mais peut-être aussi un signal.

4.

En intégrant des rognures de textes ou de photos dans une œuvre d'art, les cubistes comme les artistes révolutionnaires russes ont anticipé en la critiquant la tendance à la massification de l'activité artistique. Malevitch lui-même, le grand réductionniste du carré noir a fait un collage avec une reproduction de Mona Lisa dans un journal.

Mais les produits de masse sont destinés à réapparaître sur un marché de masse: galeries, ventes aux enchères, collections privées, musées. Leur structure est toutefois différente de celle des couches inférieures de notre société du *tout-à-jeter*.

Mais c'est également ainsi que se manifeste l'uniformité de la société humaine, même si elle présente beaucoup de variantes.

5.

Laissons maintenant de côté les journaux et leurs lecteurs pour nous tourner vers les éditeurs. Les entreprises de presse ont longtemps été le sanctuaire d'une haute bourgeoisie élégante et qui avait le sens des affaires. Les structures étaient corporatives (IPO), et il n'a été que tardivement question de la «malédiction des sauterelles» (pour reprendre un titre de la *Neue Zürcher Zeitung* du 27/29 avril 2007) et de la devise: «les entreprises s'achètent et se vendent». A la différence de leurs produits, les entreprises de presse n'étaient pas des «commodities», de simples marchandises. Certaines ont voulu populariser une idée, d'autres être populaires tout court, et les troisièmes se sont vouées aux affaires de cœur; et c'est dans cet espace ainsi ouvert que l'on peut mesurer au mieux les contradictions de la nature humaine: *tra il dire e il fare, nel mezzo c'è il mare*. Mais en art, toute chose est à la place qu'elle mérite.

6.

Il existe des œuvres d'art en papier journal pour lesquelles l'artiste a soigneusement choisi le texte qu'il a utilisé, souvent avec la volonté de signifier quelque chose (à la manière de Le Corbusier utilisant un journal qui relatait une de ses conférences, et plaçant le haut en bas). Il existe toutefois un plaisir dadaïste à traiter iconographiquement ce qui ressort bien graphiquement. Et ainsi, même les chefs d'œuvre issus de l'esprit du rédacteur en chef ou des chroniqueurs, hebdomadaires ou du dimanche, ne sont là que pour rappel, et leur contenu serait définitivement de l'histoire ancienne si un fragment de texte n'avait pas été durablement intégré à une œuvre.

7.

La grande période du Press Art fait partie du passé; elle était l'expression d'une époque, le XXᵉ siècle où la puissance des médias imprimés était redoutable. Cela est révolu, parce que les journaux, pour bien des raisons, ont perdu de leur importance, en partie par leur propre faute. Le flux médiatique et sa réification, l'image, ont trouvé dans le multimédia le vecteur adéquat à leur propagation. Il n'en reste pas moins que le Press Art est l'incontournable référence pour qui veut retrouver trace des constellations changeantes qui ont marqué le XXᵉ siècle, «notre siècle».

ALEXANDRA EXTER, *o.T. (Nature Morte)*, um 1914–1915
huile et collage (papier journal et papier de note) sur toile,
69 × 56,5 cm

Dürrenmatt et la presse

ULRICH WEBER

Dürrenmatt n'a été ni le chroniqueur de son époque ni un «auteur engagé». Son écriture n'a jamais prétendu être en prise directe sur la réalité: il considérait ses récits et ses pièces de théâtre comme des mondes parallèles, allégoriques, ouverts, n'ayant qu'un rapport indirect avec la réalité contemporaine. Un roman tel que *Jahrestage* [*Une année dans la vie de Gesine Cresspahl*] d'Uwe Johnson, dans lequel la lecture quotidienne du *New York Times* provoque la déferlante subjective de l'écriture et de la sensibilité, est impensable dans son œuvre. De même, la manière dont Max Frisch a pratiqué une sorte de contemporanéité littéraire en introduisant des articles de presse et d'autres matériaux dans son *Tagebuch 1966–1971* est absolument étrangère à l'écriture de Dürrenmatt. Et quant à l'engagement, Dürrenmatt ne croit pas qu'un art qui se veut politique puisse influer sur tel aspect spécifique de la réalité: «Qui peut dire si une œuvre d'art aura une influence politique, et comment? Moins une telle influence est voulue,

et plus elle est effective. Un art intentionnelle-
ment politique est celui qui a le plus de chance
de n'avoir aucun impact politique»[1] écrit-il dans
ses *55 Thèses sur l'art et la réalité*. La critique
théâtrale, qu'il pratiqua d'abord comme gagne
pain dans la *Weltwoche*, avant que ses propres
pièces le fissent passer de bourreau à patient,
resta longtemps sa seule interface avec la
presse quotidienne. Ce contact lui a inspiré une
série de caricatures où il dresse le portrait type
des représentants de la corporation des critiques: des lunettes, les cheveux gominés avec
une raie parfaite sur le côté, et une lance en
guise de stylo. Un texte de circonstance écrit en
1949 en hommage à l'éditeur du *Schweizerischen
Beobachters*, Max Ras, et intitulé *Quelques nouvelles concernant la situation de la presse
à l'Âge de la Pierre*[2], établit la distance que
Dürrenmatt met entre sa pratique de l'écriture
et celle de la presse: le narrateur, journaliste
pendant la période de l'Âge de la Pierre (à la
Gazette du Lias qui paraissait une fois par
année) regrette la fin du Lias, une période héroïque dans l'histoire de l'humanité, et déplore
la décadence du journalisme: «La découverte de
la craie et son utilisation dans l'art d'écrire ne
firent qu'accroître notre inquiétude. Cette innovation affecta la nature même des journaux: ils
furent de plus en plus nombreux à traiter d'une

actualité éphémère. La graphomanie s'empara de l'humanité. Le style pur et laconique pratiqué à l'époque classique du Lias tomba dans l'oubli.»[3]
Le scepticisme envers «la graphomanie», que Dürrenmatt semble partager avec le journaliste de l'Âge de la Pierre, se manifeste notamment à travers le rôle que Dürrenmatt donne à la presse à la fin de *La Visite de la vieille dame*: elle est aveugle devant ce qui se passe réellement à Güllen et dupe de la mise en scène des habitants – «C'est la vie qui écrit les plus belles histoires.»

Cette distance marquée envers toute forme d'écriture ayant l'actualité pour objet est une des caractéristiques du Dürrenmatt des années 1950. Mais il n'est pas insensible à l'élan culturel et politique qui marque la fin des années 1960: ses déclarations se réfèrent de plus en plus aux évènements politiques en cours. Il participe à des manifestations de protestation et prend position dans la presse, que ce soit par des interviews ou des articles, sur les problèmes de l'heure. Il semble qu'on assiste non seulement à une politisation de sa pensée, un phénomène qui est bien dans l'air du temps, mais également à un changement dans sa relation à la société. D'observateur sceptique, il devient une sorte de protagoniste engagé; il entame une très personnelle «longue marche à travers les institutions». En 1968, il devient membre de la nouvelle direction du théâtre de Bâle dirigé par Werner Düggelin, qui entend faire du théâtre un des centres névralgiques de la Cité. Dürrenmatt organise une manifestation de protestation contre l'invasion de la Tchécoslovaquie par l'URSS. Quelques mois plus tard, il devient membre fondateur d'un nouvel hebdomadaire: avec Jean-Rodolphe de Salis, Markus Kutter et Rolf R. Bigler, il est l'éditeur du *Sonntags Journal*, issu de la *Zürcher Woche*. Il y prend même une participation financière. On lit ceci dans la «déclaration de principe» rédigée et signée par les quatre éditeurs en mars 1969:

> Le journal tient à ce que la Suisse ne perde pas son identité nationale. L'expression de positions même critiques sur les questions de politique nationale est un devoir civique. Le journal considère les notions de «droite» et de «gauche» comme des catégories dépassées et stériles. Le débat sérieux entre points de vue divergents est un des articles essentiels de l'éthique journalistique. Le journal accorde un intérêt tout particulier aux difficultés et aux incompréhensions résultant des différences linguistiques, confessionnelles et régionales de

notre pays. Il va de soi que la liberté dont se réclament les uns doit également profiter aux autres.

Dürrenmatt engage des critiques de théâtre venus des pays germanophones, comme Hellmuth Karasek, chargés de rendre compte des représentations dans les théâtres suisses. Dürrenmatt écrit des articles ou publie en avant-première des discours et des essais dans le *Sonntags Journal*; de temps à autre, une de ses caricatures paraît en couverture. Son discours *A propos de politique culturelle*, prononcé à l'occasion de la remise du prix de Berne inaugure la série de ses publications (1/2 novembre 1969); Dürrenmatt y met en question le théâtre subventionné, exhorte la Suisse à comprendre sa démocratie comme une tâche à accomplir et non comme une propriété que l'on administre, notamment par rapport au droit de vote des femmes, et, enfin, il donne son prix à trois personnalités critiques et dérangeantes, parmi lesquelles se trouvait un objecteur de conscience militant pour l'introduction du service civil. Ses contributions les plus significatives, rédigées spécialement pour le journal, sont ses *Paroles d'Amérique*, publiées en feuilleton du 31 janvier au 15 mars 1970, qui, à partir d'observations ponctuelles faites lors d'un voyage aux USA et dans les

Caraïbes, comparent entre eux les systèmes des deux empires qu'étaient l'Union soviétique et les USA, puis les *Pensées sur le théâtre* (du 18 avril au 30 août 1970) qui tentent une nouvelle orientation du théâtre et de la réalité dans leur approche des dramaturges contemporains et des formes théâtrales héritées du passé. Notons parmi les autres articles *L'Intermède helvétique* (tiré de *Exposé monstre sur la justice et le droit*, 13/14 décembre 1969), la *Dramaturgie du public* (6/7 juin 1970), le *Rapport sur deux miniatures* (23 juin 1971), une comparaison entre la Suisse et l'Autriche; ajoutons un commentaire et une interview à l'occasion du procès d'un objecteur de conscience (12/13 décembre 1970), et enfin le *Psaume suisse III* publié dans l'édition du 23/24 janvier 1971 et où Dürrenmatt met son pays au pilori plus radicalement que jamais: «Autrefois, j'ai eu soif de ta foi/Mon pays/J'ai soif maintenant de ta justice/En vérité/Les culs de tes procureurs et de tes juges l'accablent d'un poids tel/Que je ne puis plus guère supporter le mot liberté/Que tu as sans cesse à la bouche».

Dürrenmatt a tenté pendant la brève, mais marquante période où il s'est essayé comme journaliste, de susciter un débat de fond sur la situation politique et culturelle de la Suisse. Mais si intense fut-elle, ce n'est qu'un épisode dans l'œuvre de Dürrenmatt. Les quatre éditeurs se

RAYMOND HAINS, *Solidarité*, 1974
décollage (papier), 70,2 × 49 cm

séparent; après avoir brièvement essayé le format magazine, le *Sonntags Journal* cesse de paraître en 1972. En 1980, Dürrenmatt parvient à récupérer 1800 francs de la masse de faillite sur les 50 000 qu'il avait investis en 1970. Dès lors, il n'utilisera jamais plus la presse écrite avec la même régularité. Il ne prend plus part aux discussions sur les sujets d'actualité, mais donne à l'occasion des commentaires ciblés et critiques dans des interviews, que ce soit à propos du gouvernement Begin-Sharon en Israël, de la course aux armements ou de la perestroïka. Dürrenmatt prend publiquement position dans la presse sur certains sujets, comme par exemple pendant la guerre du Kippour dans le communiqué *Je me range derrière Israël*, qui paraîtra dans la *Neue Zürcher Zeitung* du 22 octobre 1973 et dans de nombreux autres journaux suisses et allemands, ou dans une lettre ouverte au ministre de la culture français, Jack Lang, pour décliner une invitation à une conférence sur les droits de l'homme, en arguant du fait qu'un pays à qui l'exportation d'armes rapportait 61,8 milliards de francs français par année n'était certainement pas le lieu le plus adéquat pour débattre de la liberté et des droits de l'homme.

Mais le Dürrenmatt de la maturité, tourné vers les questions de théorie de la connaissance, s'intéresse à la manière dont les médias transmettent la réalité. C'est le sujet de nombreux textes, notamment dans le récit *La Mission ou de l'observation de l'observateur des observateurs*, ou encore dans le texte posthume *L'Essai*, qui traite de la tentative de rendre complètement la réalité d'une ville sur un jour donné, une expérience qui provoque un changement total de la réalité, puisque conscients d'être observés par les médias, les habitants modifient leur comportement. On mentionnera dans ce contexte l'article *La Süddeutsche Zeitung existe-t-elle ou pas?* que Dürrenmatt écrit à l'occasion des 40 ans du journal en 1985. Partant de la thèse, qu'il développe avec humour, que le monde est son rêve et que, par conséquent, la *Süddeutsche Zeitung* est aussi une création onirique, Dürrenmatt évoque les «difficultés que me font éprouver les pages politiques de la *Süddeutsche Zeitung*; on y trouve amoncelés des agrégats d'événements anciens, des thèses, des hypothèses incontrôlables, un nid de vipères où s'entremêlent ce qui n'est plus, ce qui a été, le possible, l'impossible, tout ce fatras improbable que nous appelons ‹réalité›. Les feuillets de la presse s'agitent au vent du néant.»[4] En insistant sur le côté illusoire de la réalité décrite par les médias, Friedrich Dürrenmatt exprime son scepticisme quant à la possibilité que les représentations que les hommes se font du monde leur permettent d'atteindre au monde en soi. Nous restons empêtrés dans nos interprétations et nos modèles de pensée, et nous trouvons toujours dans la clé censée nous ouvrir la réalité en soi les simulacres qui nous ont lancés à sa recherche.

NOTES

1   Friedrich Dürrenmatt, *Politik. Essays, Gedichte und Reden*, œuvre complet en 37 volumes, vol. 34, Diogenes, Zürich 1998, p. 162
2   Friedrich Dürrenmatt, *Grieche sucht Griechin, Mister X macht Ferien: Grotesken*, op. cit., vol. 22, p. 185–193
3   Ibid., p. 192
4   Friedrich Dürrenmatt, «Gibt es die Süddeutsche Zeitung oder gibt es sie nicht?», in *Versuche, Kants Hoffnung: Essays und Reden*, op. cit., p. 109–114; p. 113

WARVARA FEDOROVA STEPANOVA, *Sans titre*, 1929/1930
collage (papier journal sur papier), 31,8 x 23,8 cm

Quelques nouvelles concernant la situation de la presse à l'Âge de la Pierre (1949)

FRIEDRICH DÜRRENMATT

L'humanité actuelle se fait du temps où j'ai vécu une image aussi étrange qu'inexacte. On dit de l'Âge de la Pierre qu'il a été primitif, et l'on oublie que les choses qui nous semblent aujourd'hui si évidentes ont été inventées et découvertes à cette époque. Les dessins et peintures murales de nos cavernes ont certes suscité quelque intérêt, mais personne à ce jour n'a encore fait mention de notre plus éminente institution culturelle: la presse.

En ma qualité de rédacteur pluriséculaire de la *Gazette du Lias*, que l'on confond trop souvent avec le *Nouveau journal du Trias*, la voix militante du parti conservateur, j'aimerais rectifier en quelques traits certaines erreurs particulièrement grossières et porter la flamme de la connaissance dans la profonde ignorance où l'on est de notre époque.

Le journal est une des premières inventions de l'humanité, la deuxième même comme le veut une opinion qui a de bonnes chances d'être exacte. Cette invention fut rendue nécessaire une fois que l'homme eut compris qu'il possédait le don d'inventer, une connaissance qui bien entendu ne put être acquise qu'après la première invention: la locomotion sur une surface plane à l'aide des deux pieds, qui vint se substituer à l'escalade des arbres. En un éclair de génie, le premier inventeur comprit que l'humanité tout entière ne pourrait intégrer les inventions qui allaient infailliblement découler de ces nouvelles aptitudes que s'il devenait possible de les populariser grâce aux journaux.

Les premiers journaux qui parurent étaient encore gravés sur de l'écorce, mais on commença à les graver dans la pierre dès le passage au Permien. L'apparition des premiers dinosaures rendit nécessaire le recours à un matériau plus solide; elle fut également cause que nous abandonnâmes les arbres pour aller habiter les cavernes. Dès cette époque, la pierre resta notre matériau de prédilection, le calcaire naturellement pour nous au Trias; ce n'est que plus tard, lors de l'émergence des Alpes, que l'utilisation du granit se popularisa. Moi-même, dans le dernier quart de ma carrière journalistique, j'ai encore connu ce matériau idéal.

La *Gazette du Lias* était le seul journal du Mésozoïque à paraître une fois par année. *L'Âge de Craie*, l'organe des progressistes, disparut pour l'avoir tenté également, avant de réapparaître sous le titre de *L'Avenir* sur un rythme décennal de parution, comme les autres journaux. Le *Journal du carbone*, notre plus ancien journal, paraissait une fois par siècle.

La fabrication d'un journal était un harassant travail de cyclope qui requérait des forces herculéennes, une capacité sans limite à supporter des efforts inhumains, un jugement incorruptible et du style littéraire. L'entreprise était périlleuse, la mort omniprésente et plus d'un collègue a péri écrasé sous un feuillet de journal, pour avoir voulu simplement, qui sait, y graver encore le prix de l'abonnement.

L'esprit humain a vaincu toutes les difficultés.

Des découvertes et des inventions importantes vinrent faciliter la rédaction des journaux au Mésozoïque tout particulièrement. La découverte de la pesanteur s'est notamment faite à mon époque. Je me souviens de mes premières années de journaliste au *Messager de la mer du Jura*, un journal qui disparut quand celle-ci se fut asséchée. A cette époque, nous descendions encore l'eau dans la vallée, et, en abattant les arbres, nous coupions le tronc à partir du faîte, morceau par morceau, que nous transportions péniblement jusqu'au bas.

Les bienfaits de la pesanteur se firent sentir partout pendant le Lias. Nous autres, les gens de presse, apprîmes à arracher la pierre sur des flancs de montagnes abruptes, et à la faire tomber dans la vallée. Les éditions spéciales, comme celle qui salua le surgissement des Alpes, étaient tirées sur des pierres rondes et roulées dans la plaine, une méthode qui simplifia bien entendu considérablement l'expédition du journal (cette tâche incombait à l'éditeur; en effet la Poste ne fut inventée qu'au Tertiaire, au début du Cénozoïque).

Alors que les nouvelles relatives à nos grandes découvertes et à nos grandes inventions constituaient bien naturellement l'essentiel de nos premiers journaux – je ne mentionnerai ici que la domestication du feu et, dans le domaine militaire, l'invention mémorable du gourdin et du jet de pierres (qui, de par leur cruauté même, ont rendu la guerre impossible) –, avec le temps, certains changements ont affecté la nature même de la presse. En effet, elle s'était jusqu'ici consacrée exclusivement à l'évolution paisible et harmonieuse du genre humain, mais le passage au Lias marqua une rupture fondamentale.

Le séjour pacifique dans les arbres, cet âge d'or chanté par nos poètes, était fini depuis longtemps, mais on n'avait pas abandonné l'espoir d'y retourner un jour. Au Permien, les cavernes étaient apparues aux hommes comme un exil nécessaire, mais provisoire; comment auraient-ils pu prévoir que les dinosaures, dont les premiers individus, épars, isolés, les avaient contraints à s'y réfugier, allaient mettre en cause la survie même de l'espèce? Les hommes ne voyaient dans ces monstres qu'un accès d'humeur, un caprice un peu dangereux de la nature. Le Lias allait nous détromper. Nous dûmes abandonner définitivement l'espoir de retourner sur les arbres. Seuls certains milieux utopistes, comme celui des Vieux-Conservateurs en font encore un motif de propagande, complètement irréaliste, pour leur parti. Les dinosaures nous étaient cent fois supérieurs par la taille et mille fois par le nombre. Ils prenaient des formes toujours nouvelles, toujours plus fantastiques et terrifiantes. Ils empestaient l'air, piétinaient la terre, souillaient les eaux. Leurs cous n'en finissaient pas de s'allonger, nous contraignant à trouver des cavernes toujours plus profondes et tortueuses. Mais les dinosaures ne représentaient pas la seule menace au Lias. A la terreur venant du monde animal, s'ajouta celle émanant de la nature. La terre elle-même était en train de changer. L'avènement de ces animaux monstrueux n'en était-il pas le signe? Le surgissement tonitruant des Alpes s'accompagna de tremblements de terre. Tapis dans les grottes, les hommes sentaient les montagnes vaciller au-dessus d'eux, mais ne se risquaient pas à abandonner les ténèbres protectrices. A cette époque, les journaux se mirent tous au service du genre humain. Il n'était plus question de progrès, un enjeu plus élémentaire les rassemblait: la survie du genre humain.

Le Lias est la grande époque héroïque de la presse de l'Âge de la Pierre. Les numéros et les éditions spéciales roulaient dans la vallée à des fréquences toujours plus rapprochées, ou alors leurs rédacteurs, durant les longues nuits d'hiver, se glissant entre les dinosaures endormis, les poussaient sur un sol en commotion permanente jusqu'aux grottes habitées par les hommes. Les nouvelles tentaient de localiser les hordes de dinosaures, de donner une image et une description de leurs nouvelles formes, faisaient des pronostics sur le prochain tremblement de terre. S'y ajoutaient des récits de batailles entre dinosaures et clans humains, avec une critique de la manière dont elles avaient été livrées. Le journal fut ainsi souvent la seule torche de la liberté dans cette époque de terreur.

Mais c'est le Crétacé, accueilli par les espoirs les plus fous, qui marqua un tournant décisif. Les dinosaures quittèrent les rives d'une mer du Jura qui s'asséchait progressivement, et les Alpes s'étaient enfin dressées de toute leur hauteur, quoiqu'avec quelques millénaires de retard. La *Gazette du Lias* entama alors son ultime et, hélas, vaine mission.

Il est indéniable que le Crétacé est une des époques les plus heureuses de l'histoire humaine, quand bien même je suis d'avis que pour ce qui est de la grandeur et de l'importance, le Lias lui est très largement supérieur. Les hommes pouvaient se déplacer librement et en sûreté à la surface de la terre, mais par habitude invétérée, n'abandonnèrent pas les cavernes. Les arts s'épanouirent. On découvrit la cuisson. Les formes sévères du Lias cédèrent peu à peu devant l'impressionnisme du Crétacé. Les mœurs austères et rigides de l'époque des dinosaures, subordonnées au seul impératif de la survie de l'espèce humaine, s'adoucirent en même temps que la danse et le jeu connaissaient une popularité favorisée par l'invention du battement des mains.

Quelle que fut la sympathie avec laquelle, nous autres à la *Gazette du Lias*, accueillîmes ces choses, il ne nous échappa pas que le monde entrait dans un nouvel âge, un âge de faiblesse, qui, avec le temps représenterait un bien plus grand danger que ne l'avaient été les dinosaures. Nous fûmes remplis d'un souci croissant. Le caractère du journal traditionnel changea: il devint conservateur.

La découverte de la craie et son utilisation dans l'art d'écrire ne firent qu'accroître notre inquiétude. Cette innovation affecta la nature même des journaux: ils furent de plus en plus nombreux à traiter d'une actualité éphémère. La graphomanie s'empara de l'humanité. Le style pur et laconique pratiqué à l'époque classique du Lias tomba dans l'oubli. Il apparut avec une évidence croissante que la vigueur des hommes s'en était allée en même temps que le danger avait disparu.

La *Gazette du Lias* perdit son combat et disparut à la fin du Mésozoïque. C'est l'expérience la plus douloureuse de ma vieillesse. Je me souviens parfaitement de la sombre nuit de nouvel an qui a marqué le passage au Cénozoïque, un million d'années avant J.-C. Mon pressentiment allait se vérifier. J'ai vu passer les premiers mammouths, de pitoyables nains par rapport aux dinosaures, incapables de menacer véritablement l'humanité, incapables par conséquent de la rendre forte. L'invention de la Poste ne m'a pas abusé, celle du bouclier de pierre m'a donné raison; les espoirs que nous fondions sur le gourdin et le lancer de pierres se sont effondrés: déclarée à nouveau possible par la théorie, la guerre redevint une pratique. La raison en fut l'invention de l'Etat, qui se produisit au milieu du Tertiaire.

La guerre ne fut pas la seule conséquence de cette malheureuse et fatale invention; on peut également lui imputer la mort des journaux. Ceux-ci ne pouvaient survivre que comme des institutions internationales au service de l'humanité tout entière; l'Etat les a rabaissés à n'avoir qu'une portée tout juste locale. Ils n'ont pas la souplesse requise pour l'exécution de tâches aussi insignifiantes. Les uns après les autres, ils cessèrent leur parution, et à l'avènement du Pliocène, le dernier journal de l'Âge de la Pierre, *La Marne et le plâtre*, avait disparu.

MIMMO ROTELLA, *Casablanca*, 1963/73
papiers décollés sur toile, 100 × 127 cm

La *Süddeutsche Zeitung* existe-t-elle ou pas? (1985)

FRIEDRICH DÜRRENMATT

La seule philosophie qui soit irréfutable est également la seule qui ne se peut démontrer. Elle affirme que seul le moi existe, et que le monde est un rêve. Elle est pure philosophie, pure esthétique, pure logique, le monde n'est que ma représentation: le moi qui se représente le monde en rêve, au-delà de toute expérience, hors même de sa propre représentation, le corps aussi que je considère mien par habitude est rêvé, mes pensées, ma main, le crayon, les traits qui lentement remplissent le papier vide: une philosophie pour poètes, pour mystiques, pour mathématiciens, mais sans une once de science. Celle-ci justement, on devrait pouvoir la réfuter ou la démontrer, elle se développe grâce à ses erreurs. Les philosophes, les théologiens et les idéologues se défoncent le crâne avec des principes que l'on ne peut ni démontrer ni réfuter, et les scientifiques avec des principes qu'ils considèrent démontrés, mais que l'on peut réfuter. La question de savoir si la *Süddeutsche Zeitung* existe ou pas, c'est-à-dire si elle existe hors de moi ou si je ne fais que la rêver, ce moi lui-même renvoyant à un je qui n'est pas moi, mais à un je qui me rêve, n'est pas infondée: je ne puis me saisir et faire complètement mon objet et ma représentation que d'une *Süddeutsche Zeitung* rêvée, parce qu'elle n'existe que pour autant qu'elle apparaisse dans mon rêve, parce qu'il n'y a rien au-delà du rêve, parce que le rêve est purement subjectif, parce qu'en tant qu'objet onirique, la *Süddeutsche Zeitung* est quelque chose de subjectif qui retourne au sujet, coïncide avec moi, parce que je suis la *Süddeutsche Zeitung* et que la *Süddeutsche Zeitung* c'est moi (un moi rêvé par un moi). Admettons que soient possibles certaines considérations permettant de conclure à l'existence effective d'une *Süddeutsche Zeitung*, mais que valent-elles en regard de la prévalence des phénomènes indiquant que je ne fais que rêver la *Süddeutsche Zeitung*? Ainsi, je ne la lis qu'au lit; on pourrait m'objecter que je devrais rêver le lit sur lequel je suis étendu pour la lire. Une objection que la philosophie la plus pure, la plus rigoureuse, la plus idéaliste repousse; pour elle, l'univers dans sa totalité est un rêve, moi, la *Süddeutsche Zeitung*, le lit et même ce que je lis dans la *Süddeutsche Zeitung*. A le bien considérer, mon rêve est triple et ses trois niveaux sont imbriqués les uns dans les autres: un moi rêve que je rêve que je suis dans mon lit en train de lire la *Süddeutsche Zeitung* qui me parle d'un monde qu'il me faut également rêver pour que la *Süddeutsche Zeitung* puisse en parler. Se pose alors la question de savoir si le moi rêvé rêve d'abord du monde ou de la *Süddeutsche Zeitung*, et pourquoi il rêve que le monde lui apparaît à travers la lecture de la *Süddeutsche Zeitung* plutôt que de rêver le monde directement, c'est-à-dire, pourquoi il ne rêve pas qu'il vit le monde au lieu de l'appréhender par la lecture. (Quand je parle du monde, je veux dire l'univers, pas le journal *Le Monde*, qui naturellement est lui aussi un rêve, mais un rêve que je ne rêve pas… enfin, je le rêve, mais je ne le lis pas dans mon rêve.) Cette question en amène d'autres: la *Süddeutsche Zeitung* n'est-elle pas une sorte d'amortisseur rêvé entre le moi qui rêve et le monde rêvé par ce moi? Supporterais-je le monde que je rêve sans la *Süddeutsche Zeitung* que je rêve aussi? La *Süddeutsche Zeitung* est-elle un rêve dont la fonction serait d'avoir un effet léni-fiant; ne serais-je, sans la *Süddeutsche Zeitung* qu'un stakhanoviste forcené du rêve? Sans la *Süddeutsche Zeitung*, le monde se serait-il déjà écroulé? Karl Kraus a-t-il raison d'affirmer que le monde périra par la magie noire, ou n'est-ce pas plutôt la magie noire (avec l'aide de la photo-composition) qui sauvera le monde? Mais en sup-posant que la *Süddeutsche Zeitung* et le monde sont réels, je fais une affirmation démontrable et réfutable d'une thèse qui n'est ni l'une ni l'autre; plus encore, je matérialise un rêve, un objet de pensée, pour en faire un journal auquel je peux m'abonner, que je peux acheter, feuilleter ou abandonner au coin d'une table, avec lequel on peut faire des chapeaux de papier ou des sachets d'emballage, bref, en supposant qu'elle existe, je dois encore m'en assurer et voir quel est son rôle dans le monde incommensurable de l'Être situé hors de moi. Elle est devenue quelque chose d'objectif, séparé du sujet, dont je ne peux décrire, et dont je ne décris effectivement, qu'une infime partie. Je ne saisis d'elle que son côté subjectif, la partie que je lis, et comme je ne la lis qu'au lit, que les pages que je peux lire avant de tomber dans le sommeil. Que je rêve que je lis la *Süddeutsche Zeitung*, ou que je la lise réellement ne joue finalement aucun rôle; dans les deux cas, elle sert d'amortisseur entre le monde et moi; le problème est de toute façon plus compliqué que de savoir si la *Süddeutsche Zeitung* est rêvée ou réelle: en elle-même, la *Süddeutsche Zeitung* n'a pas de réalité. On peut tourner et retourner les choses comme on veut: ce que je lis n'existe pas; c'est imprimé, mais cela se réfère au passé; un article de Joachim Kaiser par exemple consacré à un récital de piano: j'y apprends la façon dont l'artiste a joué, mais je ne peux pas vérifier le bien-fondé de la critique, l'événement est déjà du passé, l'article a été écrit après coup, c'est de l'histoire qui se déroule dans deux passés différents: au soir du récital et au moment où Joachim Kaiser a rédigé sa critique. Joachim Kaiser décrit le souvenir qu'il a du récital, pas le récital lui-même. C'est dans cette différence qui peut sembler négligeable que se situe le décalage; le souvenir est subjectif, l'événement dont Joachim Kaiser se souvient est déjà du passé – c'est même la condition nécessaire pour que Joachim Kaiser se souvienne et puisse écrire sa critique; les événements sont abolis, rendant difficile la tâche de prouver qu'ils se sont effectivement déroulés; à la différence du présent (lequel, rigoureusement parlant, n'existe pas, parce qu'il est déjà passé dans le moment même où il est perçu), le passé est manipulable par la mémoire; la possibilité qu'un événement ne se soit pas produit, qu'il ait été une illusion, aussi invraisemblable soit-elle, est toujours possible, comme est également possible l'éventualité que je rêve que je suis dans mon lit à lire dans la *Süddeutsche Zeitung* la critique d'un récital de piano rédigée par Joachim Kaiser. Si l'on m'objecte qu'une critique de Joachim Kaiser consacrée à un récital de piano auquel j'ai également assisté prouve que le récital a bien eu lieu, je réponds à cela que l'argument ne tient pas, parce je ne me souviens pas d'avoir assisté à un récital de piano auquel Joachim Kaiser n'ait pas été également présent; et comme il n'y a rien de moins assuré que la mémoire, je peux très bien imaginer, à la lecture de la critique de Joachim Kaiser, que j'ai assisté au récital. Le paradoxe commence quand Joachim Kaiser m'éreinte, ce qu'il a souvent fait; d'un côté, il est impossible à Joachim Kaiser de m'éreinter, par conséquent, Joachim Kaiser ne peut pas m'éreinter, et d'un autre côté, si Joachim Kaiser m'a éreinté, je ne peux pas avoir rêvé que Joachim Kaiser m'a éreinté, car alors j'aurais rêvé que Joachim Kaiser ne m'a pas éreinté. Mes difficultés avec Joachim Kaiser, à chaque fois que je postule que la *Süddeutsche Zeitung* a une existence réelle, sont peu de choses par rapport à celles que me font éprouver les pages politiques de la *Süddeutsche Zeitung*; on y trouve amoncelés des agrégats d'événements anciens, des thèses, des hypothèses incontrôlables, un nid de vipères où s'entremêlent ce qui n'est plus, ce qui a été, le possible, l'impossible, tout ce fatras improbable que nous appelons «réalité». Les feuillets de la presse s'agitent au vent du néant. La supposition que la *Süddeutsche Zeitung* n'a pas d'existence autre que celle que le rêve lui donne est méthodologiquement supérieure à l'affirmation qui veut que la *Süddeutsche Zeitung* soit. La science tâtonne dans les à-peu-près et le provisoire, le rêve est exact. Si toutefois ce que je lis en rêve dans la *Süddeutsche Zeitung* est un rêve, c'est-à-dire, pêle-mêle, la critique du récital rédigée par Joachim Kaiser, Joachim Kaiser lui-même, et le récital, et le cosmos depuis le quasar le plus éloigné jusqu'à la particule récemment découverte dans un synchrotron, puis Munich, la République fédérale, la RDA, toutes deux abondamment entrelardées de silos à bombes atomiques, bombes à hydrogène, bombes à neutrons, à ogives de gaz toxiques, puis la défaite de l'équipe nationale allemande contre le Portugal, les points de vue de Strauss sur les Chinois, les aphorismes d'Helmut Kohl, la stratégie reaganienne de salut de l'humanité, les opinions opposées de Gorbatchev, alors la *Süddeutsche Zeitung* serait le mécanisme implanté dans mon rêve, grâce auquel je rêve le monde, grâce auquel le moi qui me rêve rêve le monde. Il est logiquement possible d'arriver à un ultime aboutissement: seule la *Süddeutsche Zeitung* existe, et le monde est son rêve. Et alors, je suis l'un de ses rêves, une ombre nichée au fond d'un fauteuil de cuir dans le hall des «Quatre saisons», le client qui, regagnant sa chambre, prend la *Süddeutsche Zeitung* dont il est le rêve, pour s'endormir sur la *Süddeutsche Zeitung* en rêvant la *Süddeutsche Zeitung*.

RICHARD HAMILTON, *Swingeing London 1967*, 1967
sérigraphie sur papier, 939/1000, 70,5 x 50 cm

Cet ouvrage paraît à l'occasion de l'exposition A la limite de la langue – Collection Annette & Peter Nobel/Press Art *au Centre Dürrenmatt à Neuchâtel, 19 mai – 26 août 2007.*

Exposition

Curateur
CHRISTOPH DOSWALD

Centre Dürrenmatt
Direction du projet: JANINE PERRET
SGUALDO, directrice CDN
ULRICH WEBER, Dürrenmatt
conseiller scientifique
ARIANE SANCHEZ-RUSTICHELLI,
historienne de l'art
MADELEINE JACCARD, collaboratrice

Bibliothèque nationale suisse
CHANTAL SCHWENDENER & FRANCO
MOMBELLI, conservation
PETER ERISMANN, responsable des
expositions
RUEDI SCHÄR, technique

Graphisme
MARC-OLIVIER SCHATZ, Colombier

Publication

Responsable de la publication
CHRISTOPH DOSWALD

Traductions
JEAN-PAUL CLERC, OFC

Relecture et corrections
ARIANE SANCHEZ-RUSTICHELLI,
LEO RAMSEYER, KEVIN SLIDE

Conception graphique
GAVILLET & RUST

Caractère typographique
HERMES-SANS (www.optimo.ch)

Couverture
GIANNI MOTTI, *Tages-Anzeiger
26.01.2005 (Assistant)*, 2006

Production
CHE HUBER, Noir sur Noir

CENTRE DÜRRENMATT
NEUCHÂTEL

Remerciements

Merci pour leurs conseils et
leur soutien
SUSANNE BAUKNECHT
LIONEL BOVIER
DANIELE BUETTI
DEBORAH KELLER
CHARLOTTE KERR-DÜRRENMATT
ERICA MAURER
URSULA NOBEL
HANSPETER PORTMANN
SALOME SCHNETZ
DOROTHEA STRAUSS

Avec le généreux soutien de
MME CHARLOTTE KERR-DÜRRENMATT
NOBEL & HUG, Zürich

© 2007, les auteurs, les artistes,
Pro Litteris, les photographes et
JRP|Ringier Kunstverlag AG

Pour les textes de Friedrich
Dürrenmatt © 2007 Diogenes
Verlag AG, Zürich

Fabriqué en Europe.

BUNDESAMT FÜR KULTUR
OFFICE FÉDÉRAL DE LA CULTURE

Schweizerische Nationalbibliothek
Bibliothèque nationale suisse

Edité par
JRP|RINGIER
Letzigraben 134
CH-8047 Zurich
Tel. +41 (0) 43 311 27 50
Fax +41 (0) 43 311 27 51
www.jrp-ringier.com
info@jrp-ringier.com

ISBN 978-3-905770-89-6

Les titres publiés par JRP|Ringier
sont disponibles dans le réseau
international de librairies
spécialisées et sont distribués par
les partenaires suivants:

SUISSE
Buch 2000
AVA Verlagsauslieferung AG
Centralweg 16
CH-8910 Affoltern a.A.
buch2000@ava.ch
www.ava.ch

FRANCE
Les Presses du réel
16 rue Quentin
F-21000 Dijon
info@lespressesdureel.com
www.lespressesdureel.com

Pour obtenir une liste de nos
librairies-partenaires dans le monde
ou pour toute autre question,
contactez JRP|Ringier directement
à info@jrp-ringier.com, ou visitez
notre site Internet www.jrp-ringier.
com pour plus d'informations sur la
compagnie et le programme
éditorial.

Dans la même collection:

MERZBAU
Merzworld: Processing the Complicated Order
Adrian Notz & Hans Ulrich Obrist
Edition anglaise
ISBN 978-3-905701-37-1

CHRISTOPHE CHERIX & JOHN TREMBLAY
Plastic
Edition française
ISBN 978-3-905770-61-2

ANECDOTE
Claire de Ribaupierre
Edition française
ISBN 978-3-905770-99-5

MOT, FORME, EM
ON NE PEUT RELEVER
À UNE ÉPOQUE DON
UN CORPUS

A la limite de la langue

9783905770896.3

Les médias de masse imprimés sont, depuis le début du 20ème siècle au moins, dans la ligne de mire de la culture. Si le «quatrième pouvoir» – ainsi que l'on appelle souvent l'ensemble de ces supports – a soulevé de nombreuses critiques, il est aussi fréquemment mis au service de projets d'acteurs culturels. Friedrich Dürrenmatt s'est ainsi frotté aux questions journalistiques, achoppé à la médiatisation des images et des informations, jusqu'à devenir co-éditeur du *Sonntags Journal* et, par conséquent, une figure emblématique de la relation que les personnalités de la culture entretiennent avec la presse. Cet ouvrage s'intéresse aux différentes formes de détournement des médias et autres stratégies artistiques parasitaires dont Dürrenmatt a fait bien plus que d'esquisser les contours.

Christoph Doswald est commissaire d'exposition et journaliste.

ISBN 978-3-905770-89-6

jrp|ringier

9 783905 770896